KLARTEXT

Hans Blossey

MALLORCA

VON OBEN

Die schönsten Luftbilder der Insel

Fotojournalist Hans Blossey, hier auf dem hinteren Sitz einer spanischen Piper PA18 und Berufspilot Ramon Martorell über dem mallorquinischen Tramuntana-Gebirge.

HANS BLOSSEY

In Essen geboren. Fotovolontariat bei der Westdeutschen Allgemeinen Zeitung in Essen, Arbeit als Bildredakteur im gesamten Ruhrgebiet. 1991 Wechsel in die Zentral-Redaktion der WAZ und zehn Jahre lang verantwortlicher Fotoreporter für die Seite Eins- und die Reportage-Redaktion. 2009 Selbständigkeit als journalistischer und gewerblicher Luftbildfotograf. Seit 1983 mit drei Fluglizenzen und seit 1988 mit dem eigenen Flugzeug unterwegs. Sein Luftbildarchiv zählt mittlerweile über 300.000 Aufnahmen und wird vervollständigt durch internationale Reisefotografie am Boden und in der Luft. Hans Blossey fotografiert für FUNKE Foto Services der FUNKE Mediengruppe, ist Mitglied in der Fotografenvereinigung Freelens/Hamburg und wird durch mehrere internationale Bildagenturen vertreten.

www.luftbild-blossey.de

Bibliografische Information der Deutschen Nationalbibliothek
Die Deutsche Nationalbibliothek verzeichnet diese Publikation in der Deutschen Nationalbibliografie; detaillierte bibliografische Daten sind im Internet über http://dnb.dnb.de abrufbar.

IMPRESSUM

1. Auflage Oktober 2021
Redaktion, Satz und Gestaltung: Achim Nöllenheidt
Umschlagfotos: Hans Blossey
Umschlaggestaltung: Joachim Bartels
Druck und Bindung: Linsen Druckcenter GmbH, Siemensstr. 12-14, 47533 Kleve

ISBN 978-3-8375-2366-9

KLARTEXT

Jakob Funke Medien Beteiligungs GmbH & Co. KG
Jakob-Funke-Platz 1, 45127 Essen
info.klartext@funkemedien.de
www.klartext-verlag.de

INHALT

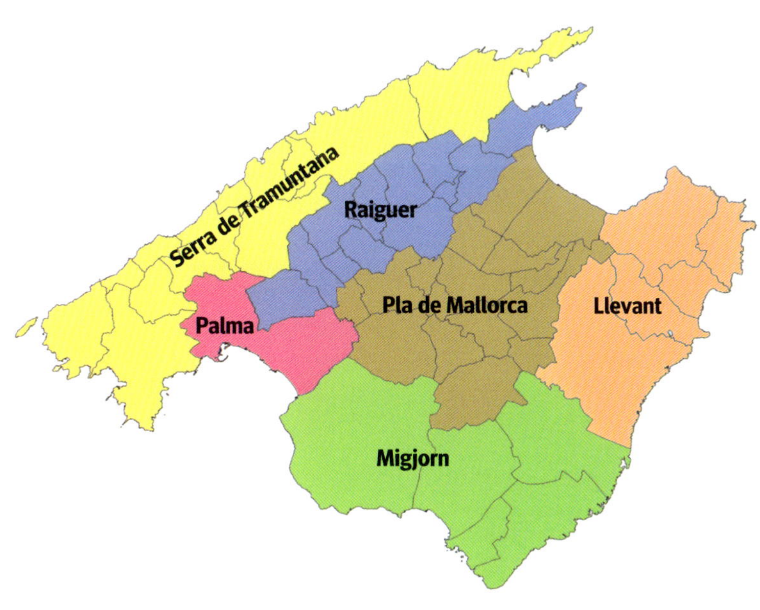

Serra de Tramuntana
Raiguer
Palma
Pla de Mallorca
Llevant
Migjorn

VORWORT

Mit seinen Bildern ermöglicht Hans Blossey dem Betrachter eine Perspektive, die ihm ansonsten verwehrt ist: Der Blick auf die Welt von oben eröffnet neue, erstaunliche Einblicke.
Den Wandel des Ruhrgebiets, seine Heimat, dokumentiert er aus dem Cockpit seines Motorseglers so seit über 30 Jahren. Mallorca hat Hans Blossey erst vor drei Jahren für sich entdeckt und bald begonnen, diese „Liebe auf den ersten Blick“ auch durch den Sucher zu betrachten. In den rund 100 Tagen, die er seither alljährlich auf der Insel verbringt, hat er sie nicht aus dem Cockpit des eigenen Fliegers, sondern vom Rücksitz einer gecharterten Piper PA18 fotografiert. Seine Bilder nehmen uns mit auf eine Reise über die Insel, die so viel mehr bietet als Ballermann und Badestrand. Die Vogelperspektive lässt auch jeden staunen, der Mallorca aus dem Mietwagen, bei Wanderungen oder Radtouren erkundet hat. Lassen Sie sich also beeindrucken und bezaubern von der wilden Schönheit der Costa Nord, vom Schnee auf dem Puig Major, von Himmel, Meer und Felsen am Cap Formentor.
Die Luftbilder erschließen eine neue Sicht auf bekannte Strände, traumschöne Buchten, malerische Dörfer und die pulsierende Inselhauptstadt Palma. Und sie blicken auf die stille, ländliche Seite der Insel mit der prächtigen Mandelblüte in Lloseta, den Salzbecken von Ses Salines und den Klosterbergen Randa und Petra. Hans Blossey vereint mit seinen meisterlichen Luftbildern die einzigartige Schönheit der Natur und Landschaft mit der Ästhetik der Architektur und Kultur der Insel. Genießen Sie einen faszinierenden Flug.

Martin Ahlers

SERRA DE TRAMUNTANA

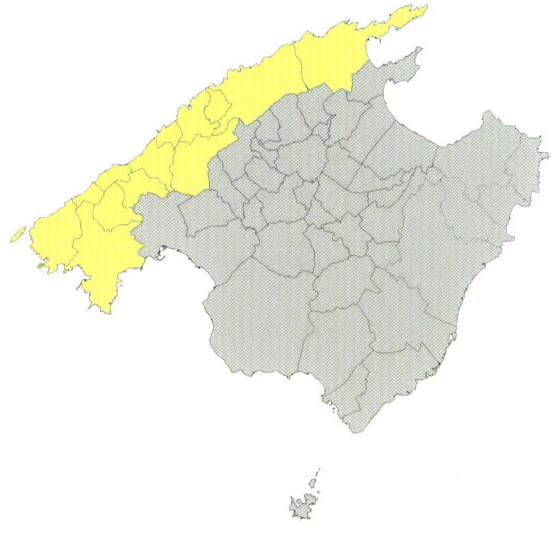

VALLDEMOSSA
Hügellandschaft bei Valldemossa

SANTA PONCA
Die Malgrats-Inseln (links); Hafen von Santa Ponça

PEGUERA
Platja Palmira (vorne) und Platja de Pequera

ANDRATX
Plaza Pública in Andratx (oben);
PORTALS NOUS
Hafen Puerto Portals und die Flaniermeile Marina Portals

ANDRATX
Blick auf Port d' Andratx

SA DRAGONERA
Die Ruine des Far de Na Pòpia auf der unbewohnten Felseninsel

BANYABULFAR
Das Dorf der Terrassen

BUNYOLA

In der Nähe von Bunyola – Serpentinen in terrassenförmiger Landschaft (oben); Landstraße zwischen gemischten Oliven- und Mandelbäumen bei Sa Cabaneta. Steinernes Gartenhäuschen auf dem Gelände des Casa Raixa bei Bunyola (rechts)

VALLDEMOSSA
Iglesia dela Cartuja; das Palau del Rei Sanç;
Museu Chopin i George Sand in Valdemossa (links);
Blick in die Ebene (oben)

Bild vorhergehende Doppelseite:
PUIG MAJOR
Der Puig Major de Son Torrella ist mit
1445 Metern Höhe der höchste Berg Mallorcas

DEIA
Cala Deià (oben); Landzunge Punta de Sa Foradada

DEIA
Kleinstadt und „Künstlerdorf Mallorcas" am Rande des Tramuntana-gebirges (rechts)

SÓLLER
Der Leuchtturm Far del Cap Gros an westlichen Seite der Bucht von Sóller

Bild vorhergehende Doppelseite:
DEIA / SA CALOBRA
Sa Foradada, der Lochfelsen (links); Hafen

SÓLLER
Der Plaça de la Constitució mit
der Kirche Església de Sant Bartomeu

Bild nachfolgende Doppelseite:
PORT DE SÓLLER
Der Hafen in der Badia de Sóller

SA CALOBRA
Platja de sa Calobra

ESCORCA
Serpentinenstraße nach
Calobra am Coll dels Reis

POLLENÇA
Der Ort Pollença, im Hintergrund die Bucht von Pollença mit dem Hafen

POLLENÇA
Dicht bebautes Zentrum mit der Kirche Santa Maria dels Àngels am Plaça Major

CAP FORMENTOR
Der Leuchtturm Far de Formentor am gleichnamigen Cap de Formentor

HAUPTSTADT PALMA

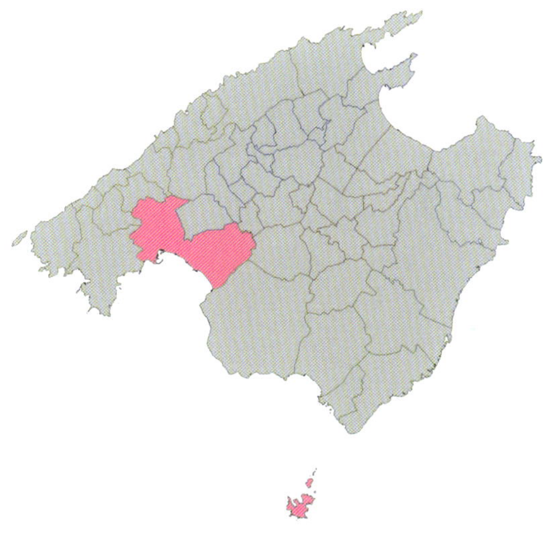

PALMA
Fisheye-Blick auf Palma, der Hauptstadt der Insel Mallorca

PALMA
Alter Friedhof Cementiri de Palma

PALMA
Der Königspalast La Almudaina (links) und die imposante Kathedrale La Seu

PALMA
Im Herzen der Stadt,
der Plaça Major (links);
Hauptverkehrsachse in Palma,
die Avinguda del Comte de
Sallent

PALMA
Bastió de Sant Pere und der Port de Palma

PALMA
Die Trabrennbahn Hipodrom Son Pardo

PALMA
Das Estadi de Son Moix ist es die Heimat des Fußballvereins RCD Mallorca (links); die Plaça de toros de Palma oder auch Colisseu Balear ist die Stierkampfarena von Palma

PALMA
Blick auf den Chor der Kathedrale von Palma (rechts)

PALMA
Kirche Església de Santa Eulàlia

PALMA

Der Mercat de l'Olivar ist die größte Markthalle in Palma (oben); S'Escorxador, kommerzieller Komplex und gastronomischer Markt. Er befindet sich im alten Schlachthaus von Palma

PALMA
Die Festung Castell de Bellver thront über der Hauptstadt

Mein Schiff

PALMA
Der Hafen Portixol bietet Liegeplätze für Sportboote und Segelyachten

PALMA
Port de Palma, Anleger für große Kreuzfahrtschiffe und der Fährunternehmen Baleària und Trasmediterránea

PALMA
Der Flughafen Palma d
Mallorca, „Aeroport de
Son Sant Joan“ (katala
nische Bezeichnung)

PALMA
Parkposition der Britis
Airways-Flieger (links)
Terminals und Gates,
Parkplatzbereiche mit
Zu- und Abfahrten

PALMA

Bamboleo Biergarten (oben); Touristischer Anziehungspunkt: die Playa de Palma

PALMA
Playa S' Arenal

RAIGUER

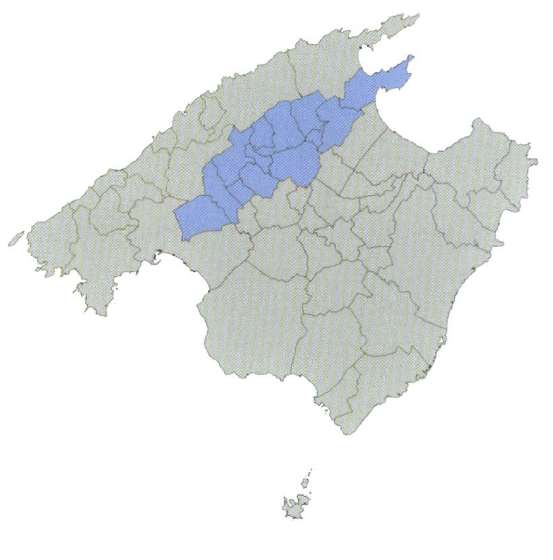

ALCUDIA
Blick auf die
Platja des Coll Baix

CONSELL

Plaza Mayor mit der Kirche Nuestra Señora de la Visitación

BINISSALEM

Die Kirche Santa Maria de Robines mit Kirchplatz

SANTA MARIA DEL CAMÍ
Ensemble am Plaça Nova

ALARÓ
Am Rande der markanten Bergkette liegt Alaró

CAS BINISSALAMER

Finca mitten in einer Solaranlage (parc fotovoltaic) bei Inca (oben)

LLOSETA

Im Zentrum liegt die Kirche Església de Lloseta mit dem Plaça Espanya und Palmengarten

LLOSETA
Baumreihen einer Plantage mit blühenden Mandelbäumen in Son Sardina, nördlich von Palma

INCA
Die Plaza de toros de Inca und der Bahnhof (links);
Inca ist als Zentrum d
Schuh- und Lederhan
werks auf Mallorca bekannt

INCA
Die Ermita Santa Magdalena auf dem Puig d'Inca

BÚGER
Ortszentrum mit der Església de Sant Pere

ALCÚDIA
Platja d'Alcudia (rechts)

SA POBLA
Auffällig ist die dichte Blockbebauung im Zentrum, markant sind der Plaça Major und die Parròquia de Sant Antoni Abat

ALCÚDIA

Historische Altstadt mit gut erkennbarem Mauerring und Stadttoren (links);
Església de Sant Jaume d'Alcúdia (oben) und das Stadttor Porta del Moll

ALCÚDIA

Einladender Strand in der Bucht von Alcúdia (links oben);
Hafenpromenade mit Anlegestelle für Ausflugsschiffe (links); Sport- und Seegelboote im weitläufigen Port d'Alcúdia

ALCÚDIA
Feinster Sand an
der Platja d'Alcúdia

ALCÚDIA
Große Hotelanlage
direkt am Wasser

ALCÚDIA
Club de Golf Alcanada und die Illa d'Alcanada mit dem Leuchtturm

ALCÚDIA
Traumhafte Bucht
am Cap de Pinar (links)

ALCÚDIA
Die Illa d'Alcanada – ein beliebtes Postkartenmotiv ist der romantische Leuchtturm Alcanada

Bild nachfolgende Doppelseite:
ALCÚDIA
Kap de Mallorca mit dem Talaia d'Alcúdia

PLA DE MALLORCA

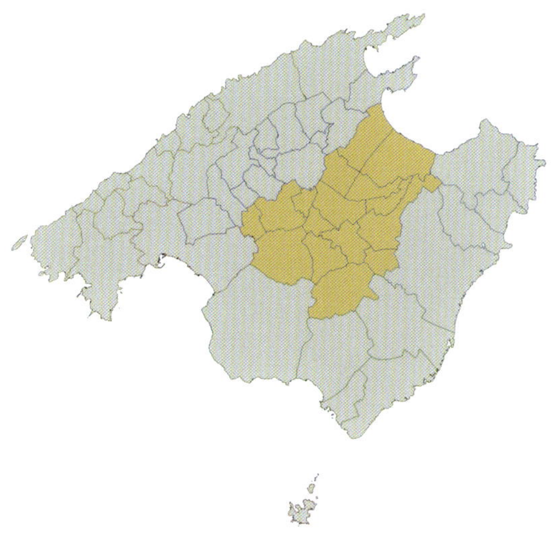

SINEU
Blick in die Innenstadt von Sineu

CAN PICAFORT
Yachthafen und Promenade (links); Strandabschnitt

Bild vorherige Doppelseite:
CAN PICAFORT
Blick auf den Touristenort im Nordosten von Mallorca

CAN PICAFORT
Poolanlagen entlang der Playa De Muro

SON SERRA DE MARINA

Beliebter Naturstrand zwischen den Orten Son Serra de Marina und Colònia de Sant Pere in der Bucht von Alcúdia

MONO

MURO
Pfarrkirche Sant Joan mit dem Plaça Comte D'Empúries

LLUBI
Besonders angelegt, der
Friedhof Cementeri de Llubí

SINEU

Blick auf die ehemalige Residenzstadt Sineu. Der regelmäßig hier stattfindende Vieh- und Kunsthandwerksmarkt ist der einzige echte Bauernmarkt auf Mallorca

SINEU
Pfarrkirche Nuestra Senyora de los Angeles mit kleinem Kirchenmuseum

SINEU
Plaça es Fossar

SANT JOAN
Das kleine Bauerndorf in Mallorcas Mitte

PETRA
Auf dem Gipfel des Puig de Bonany liegt die malerische Wallfahrtsanlage des Santuari de Bonany

VILAFRANCA DE BONANY
Strukturen auf landwirtschaftlichen Feldern in Vilafranca de Bonany

VILAFRANCA DE BONANY
Pfarrkirche Església de Santa Bàrbara in der Altstadt

LLEVANT

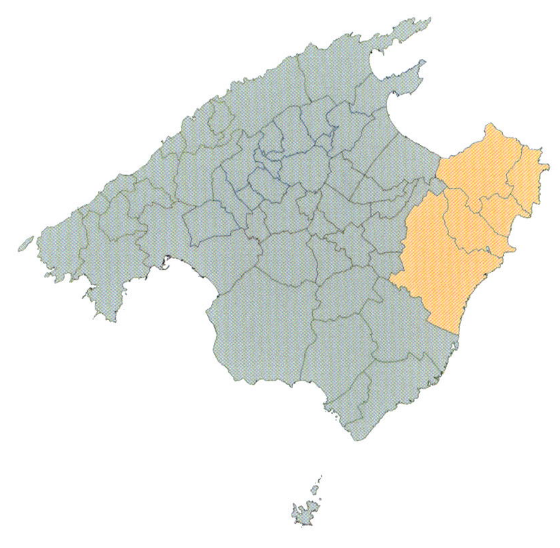

CALA MESQUIDA
Meeresbucht mit Platja
de Sa Mesquida

PARC NATURAL DE LA PENÍNSULA DE LLEVANT
Am Fuß des Bergrückens liegt die Platja des Caló (links);
Blick auf die Felsen und Berge des Naturparks (und nachfolgende Doppelseite)

COLÒNIA DE SANT PERE

Die Urbanisationen S'Estanyol, Montferrutx und der Ort Colònia de Sant Pere an der Ostküste der Bucht von Alcúdia, im Hintergrund liegt die Urbanització Betlem

CALA RAJADA
Der gemütliche Ort mit Hafen

CALA RAJADA

Touristische Unterkünfte an der Bucht Cala Lliteres (oben); der Leuchtturm Far de Capdepera auf der kleinen Landzunge Punta de Capdepera, nördlich von Cala Rajada (rechts oben); Hafen und Teil der Promenade von Cala Rajada

CAPDEPERA
Sa Font de sa Cala (links); Castell de Capdepera

Bild nachfolgende Doppelseite:
ARTÀ
Plaça del Conquerídor

TRATTORIA
PIZZERIA

ARTÀ
Wallfahrtskirche Santuari de Sant Salvador und Pfarrkirche Església parroquial de la Transfiguració del Senyor

ARTÀ
Blick über die Stadt in Richtung Parc natural de la Peninsula de Llevant und Speichersee

COSTA DELS PINS
Gebirgszug mit Blick auf Costa dels Pins

CALA MILLOR
Cala Millor mit Sandstrand in der Bucht Badia de Son Servera

CALA MILLOR

Ortsansicht und Strand Cala Bona; große Hotels direkt an der Badia de Son Servera (rechts).

MANACOR
Das Kloster und der Kreuzgang Sant Vicenç Ferrer

MANACOR
Die Kirche
Nostra Senyora
dels Dolors am
Platz Rector Rubí

PORTO CRISTO
Strand und Yachthafen von Porto Cristo (links); Wohnen direkt am Wasser

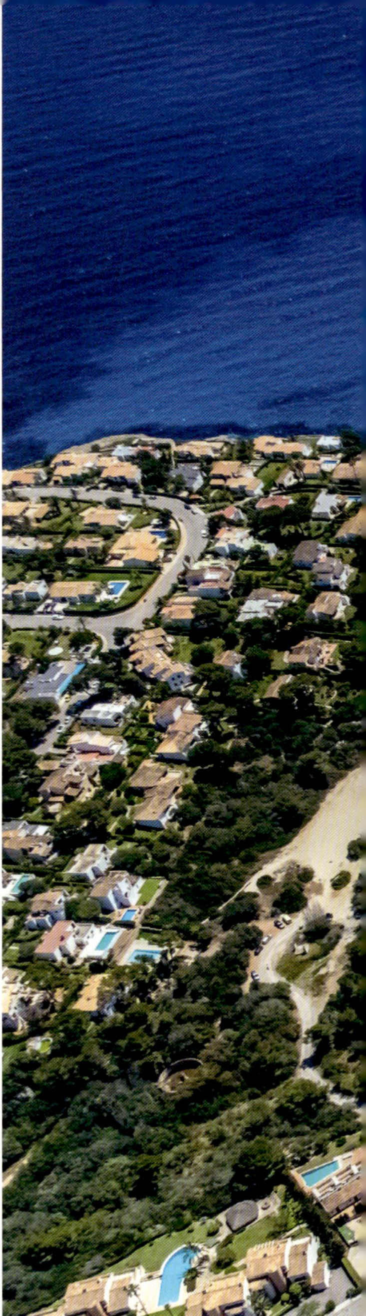

S'ESTANY D'EN MAS
Cala Estany d'en Mas (links)

CALA MENDIA
Bucht Cala Anguila mit Strand Playa de Cala Mandia (rechts) und Strand Plaja de Cala Anguila

CALA MAGRANER
Bucht mit Strand Cala Magraner, Strand Cala Pilota und Strand Cala Virgili

CALA BÓTA
Felsenküste und Motorboot (rechts oben)

CALA VARQUES
Badegäste am Sandstrand in der Bucht Cala Varques (rechts unten)

CALA VARQUES
Herrliche Bucht mit Strand an der Cala Varques

CALA MURADA
Ferienort an der Südostküste, Cala es Domingos

MIGJORN

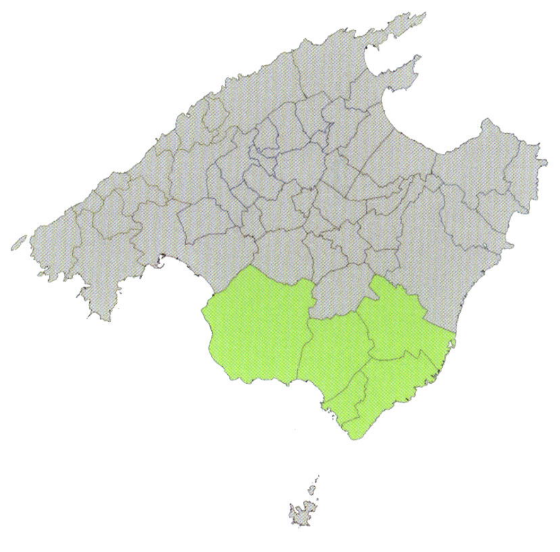

ES TRENC
Karibisches Flair: Strandleben am Platja Des Trenc

CALA SA NAU
Bucht und Stranc
Cala Sa Nau (rec

PORTOCOLOM
Hafen Port de
Portocolom (obe
Ferienhäuser unc
Wohnhäuser mit
Bootsanlegestell
im Hafen

SANTUARI DE SANT SALVADOR
Auf dem Berg Puig de Sant Salvador liegt das Santuari de Sant Salvador und Petit Hotel Hostatgeria Sant Salvador; dort steht auch das Denkmal mit der Christus-König-Statue (unten)

FELANITX
Esglesia Parròquia de Sant Miquel in der Altstadt von Felanitx

CALA D'OR
Große Hotelanlage mit Poollandschaft (links oben);
Sonnenbaden in der Cala Ferrera

CALA MITJANA
Bucht mit kleinem Strand in der Cala Mitjana

CALA D'OR
Clubanlage an der Playa de Cala Serena

PORTOPETRO
Die Buchten bei Portopetro

Bild nachfolgende Doppelseite:
CALA FIGUERA
Fjordähnlich: Hafen und Fischerhafen

CALA SANTANYÍ
Bucht mit Strand

CALÓ DES BORGIT
Kleine Bucht mit Strandbereich

SANTANYÍ
Altstadt und Kirche Sant Andreu am Plaça Major

COLÒNIA DE SANT JORDI
Blick auf den Ort mit den Salines de s'Avall

Bild nachfolgende Doppelseite:
ES TRENC
Buntes Strandleben am Platja des Trenc

ES TRENC

Flamingos im Flug bei Salobrar De Campos und über dem Naturschutzgebiet Es Trenc (links); Wassersport und Ankerplätze vor dem Strand Es Trenc

SES SALINE
Einzigartige Naturlandsch
mit Salzfelde
bei Salobrar
De Campos

CAMPOS
Baummuster in der Ebene

CAMPOS
Ortsansicht Campos mit der Kirche Església de Sant Julià (links)

CALA PI
Der Aussichtspunkt Torre de Cala Pi mit dem Turm und Strandleben am Playa de Cala Pi

Bild vorhergehende Doppelseite:
CAP BLANC
Leuchtturm Far de Cap Blanc

LLUCMAJOR
Ortsansicht mit der Kirche
Església Parroquial de Sant Miquel

RANDA
Einsiedelei
Sant Honorat
am Berg Puig
de Randa